AF252598

MOYEN

DE

PARER

AUX

PRINCIPAUX INCONVÉNIENS

DES

PROJETS MINISTÉRIELS,

SUR

LES INDEMNITÉS

ET

SUR LA DETTE PUBLIQUE,

EN CONSERVANT LES AVANTAGES
QU'ON PEUT OBTENIR DE CES PROJETS.

PAR ARMAND SÉGUIN.

PARIS,

DE L'IMPRIMERIE DE A. HENRY,
RUE GÎT-LE-COEUR, N° 8.

MARS, 1825.

DES INDEMNITES

ET

DE LA REDUCTION DES RENTES,

CINQ POUR CENT.

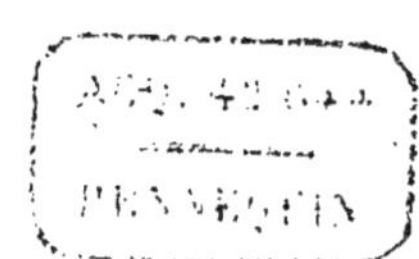

MOYEN

De parer aux principaux Inconvéniens des Projets ministériels, en conservant les avantages qu'on peut obtenir de ces projets.

MOYEN

DE

PARER

AUX

PRINCIPAUX INCONVÉNIENS

DES

PROJETS MINISTÉRIELS,

SUR

LES INDEMNITÉS

ET

SUR LA DETTE PUBLIQUE,

EN CONSERVANT LES AVANTAGES

QU'ON PEUT OBTENIR DE CES PROJETS.

Par Armand SÉGUIN.

PARIS,

DE L'IMPRIMERIE DE A. HENRY,

RUE GÎT-LE-COEUR, Nº 8.

MARS, 1825.

MOYEN

De parer aux principaux inconvéniens des Projets ministériels snr la Dette publique et les indemnités, en conservant les avantages qu'on peut obtenir de ces projets.

———

Les deux projets ministériels placent, nécessairement, les esprits clairvoyans et bien intentionnés dans une position délicate et difficile.

Il faut *admettre*, ou *rejeter*.

Il faut choisir entre, ne faire aucun bien, ou faire le moins de mal possible.

Dans une telle alternative, quels que puissent être les résultats des chances plus ou moins hasardeuses, il est prudent, peut-être même convenant, vu l'aspect de l'horizon du globe, d'embrasser le second parti, celui de l'amendement.

Tel est, pour moi, le mobile de cet écrit.

On pourrait obtenir les divers avantages que présentent les projets ministériels, relativement aux indemnités, à la dette publique et à l'amortissement, et on pourrait, en même temps, éviter une partie des inconvéniens que comportent ces projets, en faisant uniquement une légère modification dans l'article 4 du second de ces projets.

Cet article est ainsi conçu :

« Les propriétaires d'inscriptions de rentes
» cinq pour cent sur l'État, auront, à dater du
» jour de la publication de la présente loi,
» jusqu'au 22 juin 1825, la faculté de requérir
» du ministre des finances, la conversion en
» inscriptions de rentes trois pour cent au taux
» de 75 francs, et, à dater du même jour de la
» publication de la loi, jusqu'au 22 septem-
» bre 1825, la faculté de requérir cette conver-
» sion, en quatre et demi pour cent, au pair,
» avec garantie contre le remboursement, jus-
» qu'au 22 septembre 1835. »

Il suffirait, pour atteindre le moins mal possible tous les buts, de supprimer la première disposition de cet article, et de ne conserver que la seconde; l'article amendé serait alors ainsi conçu :

« Lés propriétaires d'inscriptions de rentes
» cinq pour cent sur l'Etat, auront, à dater du
» jour de la publication de la présente loi, jus-
» qu'au 22 septembre 1825, la faculté de re-
» quérir du ministre dés finances la conversion
» en rentes quatre et demi pour cent, au pair,
» avec garantie contre le remboursement, jus-
» qu'au 22 septembre 1835. »

Ce léger changement suffirait pour neutra-
liser la plupart des inconvéniens des projets
ministériels, et pour vivifier les avantages que
peuvent procurer ces projets.

Voici le résumé des propositions que je vais
développer à ce sujet.

*L'aliment que les projets présentent à l'a-
giotage serait presque totalement anéanti.*

*Les rentiers ne seraient que faiblement sa-
crifiés, et ils obtiendraient une compensation
raisonnable de leurs légers sacrifices.*

*Les contribuables n'auraient point à suppor-
ter une nouvelle perte de plus d'un milliard
que leur imposerait les projets par la conversion des 5 pour 100 en 3 pour 100, donnés au
prix de 75 francs.*

Les indemnisés pourraient espérer de leurs 3 pour 100 un capital approchant de son intégralité.

J'ai démontré que ces deux projets ruineraient le rentier , le contribuable et l'indemnisé.

Au moyen du léger amendement, ni rentier, ni contribuable, ni indemnisé ne seraient sacrifiés.

§ I.

L'aliment que les projets présentent à l'agiotage serait presque totalement anéanti.

Je l'ai dit et je dois le répéter :

Les splacemens accordent leur prédilection aux revenus , et s'occupent bien moins du capital : les spéculations, au contraire, autrement dit les agioteurs , n'ont en vue que le capital , et s'occupent peu des revenus.

Ce ne sont pas des placemens que veulent les spéculateurs, ce sont des différences sur les capitaux qui leur conviennent.

Ces différences, réalisées en peu de temps, leur représentent des intérêts énormes , qu'ils prélèvent nécessairement sur la fortune des contribuables.

Quant aux intérêts durables, ils ne s'en embarrassent nullement, ce sont là des os à ronger pour ceux qui prennent leurs places.

Donner pour 75 fr., 3 fr. de rentes au capital de 100 fr., c'est donner aux spéculateurs 100 fr. pour 75 fr. ; c'est faire leur part d'agiotage, *et pas autre chose*; c'est leur livrer la fortune des contribuables.

Ces spéculateurs savent qu'il est rare que les cours dépassent la valeur nominale des effets du Gouvernement; et que, quand cela arrive, ce n'est que par contrainte, passagèrement et sans fixité.

Aussi ne s'attachent-ils plus à une valeur qui est à son pair.

Mais ils savent aussi que, dans l'état où se trouve la France, quelques sacrifices, et des appuis puissans, suffisent pour élever les effets du Gouvernement (par exemple, des 3 pour 100 donnés à 75 fr.), jusqu'à leur valeur nominale.

★

C'est par ces motifs, que des 4 et demi, ou des 4 pour 100 émis au pair, ne conviendraient pas à leur genre de spéculation.

Ce qu'il leur faut, ce sont des 3 pour 100 émis à 75 fr. Le projet leur en fait espérer et déjà *les met en curée.*

Sous l'aspect de la comparaison du revenu, une émission en 4 pour 100 au pair, ou en 3 pour 100 à 75 fr., ne présenterait pas de différence.

Mais il n'en serait pas de même sous l'aspect des chances des spéculations.

Des 3 pour 100 en s'élevant de 75 fr. au pair de 100 fr., résultat très-probable, procureraient aux spéculateurs un bénéfice de 33 pour 100.

Pour que des quatre pour 100, émis au pair de 100 fr. procurassent le même avantage, il faudrait, ce qui est contraire à tous les ordres de probabilités, que leur taux vénal dépassât de 33 pour 100 le pair de 100 fr., et s'élevât à 133 francs.

Dans l'état actuel de la place, le nombre des

spéculateurs sur rentes est considérable; et, dans la conjoncture actuelle, le projet ministériel leur présente, comme une sorte d'assurance, la possibilité prochaine de se saisir de rentes, 3 pour cent, pour 75 fr. C'est pour cela, uniquement, que le cours de nos 5 pour cent se maintient et s'élève; les spéculateurs en achètent autant et plus qu'ils peuvent; car les 5 pour cent sont le moyen unique de se procurer, par échange, des 3 pour cent au prix de 75 fr.

A 105 fr., les 5 pour cent, après réduction, équivalent à des 3 pour cent à 79 fr. au plus : or, à égalité d'autres données, il est bien plus probable que des 3 pour cent s'élèveront au dessus de 79 fr. qu'il n'est probable que des 5 pour cent s'éléveront au dessus de 105 fr.

Cet ordre de probabilités est d'abord fondé sur ce principe général que toute valeur au dessus du pair a moins de tendance à s'élever que n'en ont les valeurs dont le cours est au dessous du pair; mais il l'est en outre sur la position des antécédens.

Les adjudicataires des 23 millions qui avaient traité pour la négociation de la réduction des rentes, ont dû pour élever les cours, pour les soutenir, et pour parer à l'influence préjudiciable de l'émission mensuelle des rentes de l'emprunt, ou conserver, ou acheter une grande partie de rentes. Il serait difficile d'apprécier au juste l'importance de leur position sous cet aspect; sans doute la place l'exagère; mais en la réduisant même à son minimum, elle serait déjà bien assez colossale.

Cette bande dorée, qu'on peut regarder comme les chefs de file de la catégorie des spéculations, augmente, par le fait de leur position de rapports, par celui de leurs intérêts directs, par celui de leur assimilation d'action avec les principales places de l'Europe, et par celui de leurs engagemens tacites ou apparens avec chacune d'elles, l'espoir que les spéculateurs du second ordre fondent sur l'adoption des projets.

On a échoué l'année dernière, leur observent les trembleurs. Quelle différence, répondent-ils. L'année dernière nous n'avions dans nos intérêts que *nous* et les *nôtres*, et il fallait lutter contre tous les intérêts de l'État; on a approfondi; le voile a été déchiré, la ruse a été découverte. Mais cette année, par suite de nos comhinaisons bien calculées, il n'en est pas ainsi à beaucoup près : tout est *volontaire!* ce mot doit interdir toutes recherches ; et nous aurons beau jeu.

Si l'article quatre du second projet de loi était modifié tel que je le propose, ce genre d'agiotage cesserait ; car, bien certainement, les mêmes hommes qui, aujourd'hui, spéculent dans la perspective des trois pour cent à 75 francs, à provenir de la conversion des cinq pour cent, spéculeraient, à défaut de mieux, *non sur les quatre et demi pour cent au pair*, mais sur les trois pour cent des indemnités, et, dès-lors, cette *manie invétérée*, signalée par M. le Président du conseil des ministres, tournerait à l'avantage des indemnisés, au lieu de tourner à leur désavantage comme cela aurait lieu par l'adoption du projet.

§ II.

Les rentiers ne seraient que faiblement sacrifiés, et ils obtiendraient une compensation raisonnable de leurs légers sacrifices.

Pour les rentiers à placemens, la perte d'un dixième de leur revenu, devant se faire de leur plein gré, trouverait au moins quelque peu de compensation dans la certitude de n'être pas remboursés pendant une dixaine d'années, et de pouvoir se flatter de jouir de leur revenu , sans de nouvelles réductions pendant ce laps de temps.

En vain , dirait-on , que le rejet des 3 pour 100 à 75 fr., ne donnerait rien de plus aux rentiers que ce que leur offre le projet non modifié.

Ce serait une erreur ; car , en même temps que le projet non modifié les admet à une conversion en 4 1/2 pour 100 au pair, il la leur enlève, pour ainsi dire , en leur offrant l'appât d'un agiotage sur des 3 pour 100 à 75 fr. qu'il présente à leur choix ; il les appelle ainsi à des spéculations de bourse ; il les fait sortir de leurs placemens ; il les détourne de leur revenu pour ne plus voir qu'un capital *à mettre en loterie ;* il les arrache d'un état tranquille et assuré, pour les jeter dans la bande des joueurs, et angmenter le nombre des malheureux qu'ils ont ruinés.

Sous ces aspects, il serait donc vrai de dire que le projet modifié, assurant des 4 1/2 pour 100 aux rentiers , leur serait moins défavorable, que le projet non modifié.

§ III.

Les contribuables n'auraient point à supporter cette nouvelle perte d'un milliard, que le projet leur imposerait par la conversion des 5 pour 100 en 3 pour 100, à 75 fr.

Des 3 pour 100, au capital de 100 fr., livrés à 75 fr., donnent une perte de 25 fr. par chaque 3 fr. de rentes. Ce qui, pour les rentes rachetables, élève la perte à 1 milliard. Cette perte n'existerait pas avec des 4 1/2 pour cent livrés au pair. J'ai, à plusieurs reprises, et avec détail, traité cette proposition ; j'y reviendrai d'autant moins qu'elle est maintenant évidente pour tout le moude.

§ IV.

Les indemnisés pourraient espérer d'obtenir de leurs 3 pour 100 donnés au pair un capital approchant, autant que possible, de l'inté-gralité.

Le capital accordé à l'indemnité est *un milliard;* et toutefois on ne donne, en attendant l'encaissement de ce capital, qu'un revenu de

3o millions ; d'où l'on doit raisonnablement supposer que le ministère doit désirer que cette lésion annuelle et forcée soit aussi courte que possible, et qu'au moins, si le revenu se trouve réduit, le capital ne le soit pas.

La prévision de ce résultat peut se fonder sur deux appuis.

Le premier de ces appuis se trouve dans la disposition de l'article 3 du second projet de loi. Cet article est conçu en ces termes :

» A dater du 22 mars 1825, les sommes af-
« fectées à l'amortissement ne pourront plus
» être employées au rachat des fonds publics
» dont le cours serait supérieur au pair. »

Ces sommes seraient donc appliquées au rachat des 3 pour 100 donnés pour l'indemnité.

Le second de ces appuis est fondé sur un principe d'équité, dont l'exécution, ne se trouvant pas contraire au texte de la loi, sera, sans doute, adoptée par les honorables membres qui surveillent et dirigent la caisse d'amortissement.

En effet, le ministère a proclamé qu'il était dû aux indemnisés un capital d'un milliard.

La Chambre des Députés a établi cette même

donnée par son amendement au premier article du premier projet de loi.

Sous ces deux rapports, il est très-probable que la Commission de surveillance de la caisse d'amortissement, ne se trouvant enchaînée par aucun texte de loi, envisagera moins la valeur pécuniaire résultante du taux des intérêts de ses rachats, relativement aux diverses natures de rentes sur la place, qu'une justice exacte; elle considérera les rentes 3 pour 100, et les rentes 5 et 4 1/2 pour 100, sous le rapport du capital, et rachetera celles dont le capital sera le plus en souffrance.

J'irais même jusqu'à dire que l'intérêt de l'État le lui commandera....

Et en effet, il résulte du texte même des projets ministériels, que les deux classes de propriétés ne verraient s'opérer de fusion conciliatrice; que les divisions et les haines ne s'éteindraient sans retour ; et que l'union et la paix, sources premières de toutes les prospérités, ne s'affermiraient qu'autant que le capital de l'indemnité représentera approximativement le capital de la valeur perdue, c'est-à-dire un milliard.

Or, avec 30 millions de rente à 3 pour 100,

on ne pourrait atteindre ce but (*partiellement encore*), qu'autant que le cours des 3 pour 100 s'éleverait à 100 fr. pour 3 fr.

La commission de surveillance devrait d'après cela porter de préférence ses moyens disponibles sur les 3 pour 100.

Mais si la réduction des 5 pour 100, en 3 pour 100, au prix de 75 fr. était adoptée, l'exécution de ce but de convenance, même de justice et de bonne politique, deviendrait impossible.

Les rentes 5 pour 100 converties en 3 pour 100 à 75 fr., viendraient se ranger et se confondre avec les 3 pour 100 donnés au pair de cent fr. pour l'indemnité, qui se trouveraient bientôt écrasés et ruinés par leur masse; ces *rentes converties*, viendraient partager le bénéfice de l'application des fonds de l'amortissement; elles en profiteraient, puisque les spéculateurs les auraient eues au prix de 75 fr., et les rentes de l'indemnité perdraient toute leur valeur promise, seraient toujours en perte, puisqu'elles auraient été données au pair de cent fr. C'est ce qui m'a fait dire : que les projets ministériels donnaient d'une main l'indemnité, et la retiraient de l'autre. Cela me paraît bien évident. Cela est-il donc juste ?

Le léger amendement remédierait au désastre.

Si les 3 pour 100 des indemnités, ne se trouvent pas en concurrence sur la place avec d'autres 3 pour 100, et s'ils n'ont à lutter que contre des 5 ou contre des 4 et demi pour 100, les indemnisés peuvent espérer rentrer dans leur capital, dans une douzaine d'années ; et ne pas ajouter à leur perte sur leurs arrérages une perte énorme sur leur créance en capital ; tandis que s'ils ont à lutter contre des 3 pour 100, produit de la réduction volontaire, la caisse ne pourra leur accorder de préférence, et, dès-lors, les indemnisés éprouveront ces trois genres de désavantages ;

Perte sur les arrérages.

Perte sur le capital.

Et retardement considérable de l'époque de leur remboursement.

En modifiant ainsi l'article 4 du second projet de loi, on ferait ce qu'on a le droit de faire, et ce que très-certainement on peut faire de mieux, dans l'impossibilité où l'on se trouve de dénaturer l'essence des deux projets, et dans la volonté que l'on a, sans doute, de ne pas les rejeter dans leur ensemble,

On aurait amélioré les intérêts généraux ;

On aurait amélioré la position des indemnisés ;

On aurait diminué, pour les contribuables, la masse de leurs nouveaux sacrifices ;

Enfin on aurait, autant que possible, en partant des bases des projets, contenté tout le monde, à l'exception des INÉVITABLES.

Eux seuls seraient déçus dans le gigantesque de leur présomption, et dans leur plan d'accaparement général.

Quel mal trouverait-on à cela ?

Leur dépit ne serait qu'une faible compensation en regard des inquiétudes immenses qu'ils nous auront occasionnées.

Pour toute rancune, en échappant de leurs griffes, la nation française se bornerait, sans doute encore, par excès de générosité, à dire à ces cosmopolites :

Il y a toujours danger à traiter des Français comme des *imberbes ;* profitez de la leçon : qu'elle que soit déjà l'importance de nos pertes avec vous, nous ne voudrons jamais nous exposer à jouer *quitte ou double.*

Armand SÉGUIN.